REFLETS DE L'ÊTRE

Inspiration poétique

Mouhamad Imran

FSC
www.fsc.org
MIXTE
Papier issu
de sources
responsables
Paper from
responsible sources
FSC® C105338

Recueil

De poèmes, de slams et de réflexions.

© 2024 Imran Mouhamad

Édition : BoD • Books on Demand GmbH, In de Tarpen 42,

22848 Norderstedt (Allemagne)

Impression : Libri Plureos GmbH, Friedensallee 273,

22763 Hamburg (Allemagne)

Contact : imran.auteur@gmail.com

Artiste, illustrateur : Ali & Assia Bouhali

Contact : ab.illustration@proton.me

ISBN : 978-2-3225-3957-4

Dépôt légal : Juin 2024

@REFLETS_DE_LETRE

ITINÉRAIRE DE L'AUTEUR

Issue d'une commune où vivait autrefois une jeunesse cosmopolite, riche d'un brassage culturel et de valeurs morales, aujourd'hui perdues.

Les années sont passées, et ce n'est que bien plus tard que j'ai commencé à distinguer nos divergences naturelles.

À prendre conscience de nos personnalités et de mes mécanismes internes, les avoir cernés et acceptés.

Une période de maturation, un âge adulte à partir duquel j'ai commencé à percevoir un semblant de recul sur la vie pour mieux l'appréhender, mais surtout mieux me comprendre.

Une fois ma recherche identitaire effectuée et les fausses croyances écartées, la fougue de la jeunesse s'est atténuée, laissant la place à la quête de soi.

Cependant, par manque de lucidité et d'accompagnement, et certainement aussi par excès d'entêtement, j'ai perdu du temps. Être différent du modèle sociétal imposé pousse au repli et au refoulement de notre identité.

Parler ou écouter, il faut choisir.

Le vacarme a cédé la place au silence, puis à la réflexion.

Ce fut le début de la découverte de soi,

de l'ascension du Mont "Moi".

Je me suis toujours senti comme un citoyen du monde,

convaincu que cette terre ronde était notre maison

et que ce ciel était notre toit substantiel.

Je suis persuadé que les frontières sont des barrières

mentales, inventées par l'homme vénal et que notre

différence n'est pas une faiblesse ni un choix,

mais plutôt une richesse pour ceux qui considèrent

tous les êtres comme des humains.

Le chemin est encore long et le sablier continue de

s'écouler... L'expérience, puis les maints efforts de

méditation, m'ont inévitablement mené à renouer

avec cette nature que j'avais rejetée.

Ainsi, me voilà auteur naissant,

surpassant mes plus beaux rêves d'enfant.

DÉDICACE

Je dédie ce livre à ma famille, à ma femme et à mes enfants,
à mes fidèles compagnons de route,
d'aujourd'hui et de toujours.

Quelques mots à ces proches qui ont cru en mes rêves,
même quand ils semblaient lointains.

Votre présence a été un cadeau inestimable.

Vous avez, non seulement enrichi ma vie,
mais vous avez également donné à cet ouvrage
une dimension plus profonde et plus authentique.

C'est grâce au mariage de mes deux passions,
l'écriture et la bienveillance, que ce recueil a vu le jour.

PRÉFACE

Dans un monde où l'agitation et les incertitudes semblent souvent prendre le dessus, il devient impératif de trouver des refuges pour notre corps et notre esprit.

À travers ces vers, nous sommes conviés à une constante quête de soi, en immersion dans un voyage introspectif enrichi par des valeurs universelles.

Au-delà de la transmission de messages, j'espère vous encourager à poursuivre vos rêves et vous aider à surmonter vos obstacles avec courage et résilience.

Je crois fermement en la capacité des mots à unir les cœurs, à éveiller les esprits et à nous diriger vers l'exploration de nouveaux horizons intérieurs.

Mes récits sont des ponts bâtis entre les âmes, une invitation à embrasser notre vulnérabilité et à célébrer nos forces.

C'est une ode à la bienveillance, un manifeste pour un monde plus juste où l'écoute, l'empathie et la solidarité sont les pierres angulaires de notre coexistence.

Non seulement en tant que lecteur, mais surtout en tant qu'acteur principal, dans un dialogue enrichissant.

Ensemble, redécouvrons la magie de l'écriture et de la poésie, au cours de cette aventure littéraire.

PRÉSENTATION

Les années sont passées, j'ai écrit mes premiers mots.

Sur des morceaux de journaux, sur mes cahiers d'écolier,

sur des mouchoirs en papier.

Tantôt dans le bus, tantôt dans le train, passant du banc de

l'école à celui du parc.

Mais le plus souvent dans ma chambre, dans le calme de

l'obscurité, loin du vacarme animant mes journées.

Des feuilles remplies de rêves, d'émotions ou de pensées.

Aussitôt notés, aussitôt envolés.

L'envie d'écrire persiste, le rêve de publier son livre,

plombé dans un souvenir.

Je reprends l'écriture, partage quelques poèmes.

Mes amis me relancent :

« Pourquoi ne pas en faire un livre ! »

Le temps de compiler ces idées

Comme des perles éparpillées.

Assembler le collier dans un recueil approprié.

L'ÉCRITURE

Aiguise ta plume et trempe ta lame

L'évidence

J'écris pour libérer les mots, les émotions

Qui souvent m'ont traversé.

Sur mes lèvres ou sur mes feuilles

Sans se poser.

Enfin, j'ai décidé de raviver cette plume.

Laisser parler les sons

Les senteurs perdues dans la brume.

Donner forme à ces ruées d'idées et de pensées.

Pleuvant sur mon ciel bleu

Parfois gris et déchaîné

Mais toujours coloré.

Davantage qu'une évidence

Écrire est cohérence.

Le cheminement d'un enfant

Qui a grandi en parlant

Un langage faisant naufrage.

Plus ma quête continue

Plus mon chemin se met à nu.

Feuilles perdues

Tout jeune, tu t'es révélée
Maintes fois, je t'ai refoulée

Interpellée par mes pensées
Elle s'est mise à griffonner

Sur des feuilles de papier jetées
Que je n'ai pu apprivoiser

Conditionné et gêné
Je n'ai pas su m'situer

Tombées depuis tant d'années
Je vais toutes vous retrouver.

Nuit calme

Au beau milieu, me réveiller
Par un bruit sourd, me rappeler.

L'envie d'parler avec les mains
Causer tout bas, près des bouquins.

Moments heureux, calme habité
Rien n'me retient, feuille avisée.

On écrit tous quelque part
Nos émotions et nos rêves

Marqués au fer rouge

Des missives gravées dans nos cœurs.

Des souvenirs de colère

Ou bien d'amour qui se meurent.

Des sentiments emprisonnés

Au plus profond de nous.

Réclamant à formuler

Par le plus petit des trous.

On écrit tous quelque part

Nos émotions et nos rêves.

Cette part de nous qui souhaite prendre forme.

Qui, par les arts et l'écriture, se transforme.

Délivrez ces mots, avant d'retrouver ces maux.
Ceux qui nous suivent
À travers le temps sous le chapeau.

On écrit tous quelque part
Nos émotions et nos rêves.

Emporté par le courant, comme la rivière
Dont l'eau se renouvelle, de toute manière.

Que le corps soit en paix
Dans l'espace adéquat,

Que l'âme reprenne place
Dans c'corps à l'étroit.

Tels des oiseaux en cage, voulant être libérés.
Ouvrez-leur la porte
Qu'ils puissent enfin s'exprimer.

Intimes

Ils s'approchent et t'expriment

Ce que je n'peux te dire.

Tu entends ces mots furtifs

Qui s'échappent d'un coin.

Du jardin bien gardé

Que peu ne peuvent franchir.

Quelques vers d'un cœur à un autre

Bon samaritain.

Un bout de moi pour toi

Que je ne peux retenir.

Des mets que tu reçois

Comme Jasmine d'Aladdin.

Mots mêlés

Dissipés mots, se mêlent et se rebellent

Ces maux cachés, et à demi-mot avoués

Des mots venus de la pensée, ou balancés

Jetés au ciel et ramassés à la p'tite pelle

Ces voyelles sucrées au goût de mirabelle

Attribuées courtoisement aux étrangers.

Insomnie

Les sons résonnent, les cœurs frémissent,
Les mers s'agitent, les rochers claquent,

Les vents soufflent, les feuilles s'envolent,
Les lumières cessent, les vies s'arrêtent,

Les images défilent, les plaies s'ouvrent,
Les douleurs fusent, les heures s'éclipsent.

Sentiments

Les lettres expliquent c'que la bouche évoque,
La bouche annonce ce que la main montre,

La main désigne ce que les yeux diffusent,
Les yeux expriment ce que le cerveau pense,

Le cerveau signale ce que le cœur émet,
Le cœur reflète ce que les sens révèlent.

LA FAMILLE

« Dans une famille

On a beau avoir le même vécu

On n'a pas les mêmes souvenirs. »

Marie Darrieussecq

Crépuscule

Vie aquatique, lignée de l'ombre
Mon jour se lève, à l'aube du monde

J'ai donné rendez-vous à ma mère
J'ai hâte de rencontrer mon père

Le gong résonne, je crie la vie
À vie, nous formons une famille

D'amour, d'angoisse, d'amerrissage
De joie, d'émois, je suis l'mariage

Fruit de l'amour, de la passion
Bruit de l'éclair, de la fusion

Je sors frimousse, le nourrisson
J'pousse le tapis rouge, à l'unisson.

Lettre au petit

Petit oiseau, garde le courage
Un jour viendra, tu t'envoleras

Évidemment ! C'n'est pas un mirage
Crois-moi, cette page, tu tourneras

Pense au chagrin des orphelins
Sans leurs parents, plus de repères

La peur, l'horreur, d'une vie sans fin
Seul sur cette Terre, au goût amer

Tes yeux d'enfant, plein d'innocence
De fun, de peines, vide éternel

L'amour, la haine, la conséquence
Tristesse et détresse, ce cocktail

La vie t'attend, pleine de couleurs

Le rouge, le bleu, le jaune, le vert

Il est pour toi, l'ultime bonheur !

Ne te cache plus, car tu es père.

Néo

Premiers pleurs du petit
Un cri, au son exquis

Une douce peau velue
Un regard superflu

Premiers pas du bambin
Praliné de ses mains

Emporté de candeur
Muté, enfant de chœur

Mastiquer, s'amuser
Découvrir puis jaser

L'union maternelle
Est-ce le lien éternel ?

Petit pas

Innocence incarnée
Badinage apparent

Naïveté prêtée
Un bonheur débordant

Fragment de diamant
Sûrement entêté

Pleinement dépendant
Des câlins par milliers

D'une peau veloutée
Chevelure soyeuse

Intérêt décuplé
Fragrance savoureuse

Gamin capricieux

Aux yeux étincelants

Regards malicieux

Tantôt balbutiant

Crédulité affirmée

Gemme inconditionnelle

Nativement sublimée

Protection paternelle

Chemin faisant

De parents venus d'ailleurs,

on me rappelle souvent que je ne suis pas des leurs.

Étranger de son propre pays, touriste de celui de son papi.

Je suis ici et là, où j'irai, je serai chez moi.

Enfant, nous ne connaissions pas les couleurs,

je nous voyais de bonne humeur.

Le quotidien élémentaire d'un p'tit humain,

Loin des croyances et des repentances.

Manger, bouger, dormir

Le gamin fait réfléchir

Il a beaucoup à nous dire.

Constatez, avant de consulter les coachs en développement

particulier, vous aviez déjà tout, bébé.

Lettre à moi-même

« Ni barrière ni couleurs

Je vis, je ris et je pleure

Je ne fais que ce que j'aime

Et tu m'aimeras quand même.

Je fréquente ceux que je pressens

Aucun préjugé, je ne ressens

J'aime me bouger, en partageant

Regard des autres, indifférent.

Je prends le temps, dans ma courte vie

Et au final, c'est moi qui choisis ! »

P.S. Prends soin de toi

La maison

Elle est le centre de ma Terre
Le berceau de ma chair.

Où commencent les premiers repas
Les premiers pleurs, les premiers pas.

Où s'affichent les premières images
Et se referment les dernières pages.
Mes projets, mes idées se surpassent
Mes frissons, mes jargons font surface.

J'y ai bâti mes plus lourds bagages
Et creusé mes plus profonds encrages.
De cris, de larmes, de bizutage
De cours de soi, sans balisage.

J'y ai connu mes mères, puis mes pères
Comme l'étoile dans le ciel.
Elle est providentielle

Sur un nuage de coussins

Pieds nus auprès des miens.

Elle est mon sanctuaire

Mais aussi ma barrière.

Libéré des codes humains

Inventés de leurs deux mains.

Ici, je vis, je dors, je m'épanouis.

Mon havre de paix, mon jardin secret

Résidence du brouhaha et du calme à la fois.

Dans ma demeure, je me détourne des leurres.

Charlatans, méprisants

Vendeurs de rêves inexistants.

Elle n'est pas qu'un logis

Elle nous maintient en vie.

Elle nous assure confiance et assurance

Journées de pertinence.

Je transite depuis elle, vers un monde pluriel.

De senteurs, de douceurs

Dans la plus grande chaleur.

Telle une salle d'embarquement

On s'y prépare patiemment.

Pour se ruer

Sur les bons plats, du monde entier.

C'est ma bulle, si tu souffles

Elle s'envole au-dessus des foules.

Tu ne peux y pénétrer

Sans mon laissez-passer.

Maman

Elle porte ce monde à tour de bras, en vain.

Le généreux sacrifice à ce genre humain.

Au commencement, louée et sacrée, t'étais.

Quotidien bien triste, sans ta douceur prêtée.

Toujours méprisée, jamais assez reconnue.

Centre filial, sans toi, nous sommes perdus.

Merveille humaine, véritable diamant.

On te doit fière chandelle, un amour constant.

Papa

Je te vois silencieux

Je te vois audacieux

Je te vois intelligent

Je te vois endurant

Je te vois généreux

Je te vois heureux

Je te vois aventurier

Je te vois apprécier

Je te vois tranquille

Je te vois sur ton île

Soulaym, 9 ans

L'AMITIÉ

« *Les amis sont les compagnons de voyage*

qui vous aident à avancer sur le chemin

d'une vie heureuse. »

Pythagore

Fil conducteur

Il est souvent démesuré
L'amour est toujours insensé.

De l'orient à l'occident, il nous dirige
Du nord au sud, il nous oriente.

Du matin au soir, il nous promène
De la tête aux pieds, il nous conduit.

Du noir au blanc, il nous emmène
De l'enfance à la vieillesse, il nous pilote.

De l'obscurité à la lumière, il nous guide
De la vie à la mort, il nous accompagne.

L'alchimie des cœurs

Qui sont ces gens dont tu croises la route
Que tu ne soupçonnais ni d'Adam ni d'Ève
Sans doute.

Mais que tu ne discernes réellement
Qu'en trébuchant de ta poutre.

Ils te prêtent sans que tu leur demandes
Te donnent sans que tu leur commandes.

Ils t'apportent main forte quand on t'insupporte.
T'encouragent et t'assistent, tels des altruistes.

Mais qui sont-ils pour être si dévoués
Sans cesse prêts à t'avantager.

T'imaginer établi
Parfois plus que ta propre famille.

L'esprit chevaleresque

De la finesse romanesque.

Soulager et défendre, aider et comprendre

Cette relation est parfois à s'y méprendre.

Que je leur plaise ou leur déplaise

Jamais ils ne me lèsent.

L'amitié est cette famille que ton cœur a choisie.

Elle est cette convergence des sens

Les piliers d'une résonance

Les fondations de l'allégeance.

Qui n'a connu d'ami véritable

N'a sûrement pas connu d'amour inestimable.

Fraternité

D'une jeunesse dynamique
Planque de famille brouillée

Où trouver place était corsé
Ère libératrice unique

De fougue et de confiance
De jeux et de facétie

D'entraide et de fantaisie
Des frères depuis l'enfance

Depuis quartier diversifié
Nous étudiions, nous explorions

Nous progressions, nous devenions
Force des liens toujours parée.

Compagnons

Ils sont de ceux résistant
Aux différends anodins.

Malgré les années
Et les épreuves de leur destin.

D'une main tendue
D'un conseil fraternel sont présents.

Montrant une écoute attentive
Un respect incessant.

Ils s'accrochent, s'envoyant de la force capitale.
Et persistent, foi au cœur, d'une identité loyale.

Fidèle

Celui auprès de qui tu as grandi est-il l'ami ?

Ce confident à pas d'heure, aujourd'hui indéfini.

L'ami véritable est de conseil

Bien qu'il contrarie.

En public et en privé, complicités ressenties.

Sans dire un mot, expressif

Juste un regard lui suffit.

Inutile de jaser, il connaît tes préférences.

Il arrive à ressentir tes besoins et tes carences.

Désintéressé

Sache qu'il viendra à toi par avance.

Quelle que soit ta météo, il restera tolérance.

Malgré la distance
Il fera toujours acte de présence.

Pilier

Il est le frère de sang, né d'une autre mère
Cultive et partage une culture étrangère

Les différences font la paire, des partenaires
Découvert sur les bancs de l'école primaire

Restés authentiques, humbles
Toujours sincères

Une vie de valeurs dont nous sommes fiers.

L'AMOUR

« *Aimer, c'est perdre le contrôle.* »

Paulo Coelho

Forteresse

De la matrice, ce lien nous lie

Il est celui qu'on n'a pas choisi.

De la naissance, jusqu'à la mort

Il en est le commandant de bord.

Aux occasions d'or et de soie

Et davantage en temps de poids.

Il nous embrasse et nous rassemble

Comme un corps indivisible.

D'une attache sans égale

D'une hiérarchie pyramidale.

On a des relations d'un jour

Et resteront, celles de toujours.

La flamme

Tu es le vide qui me comble
T'es la passion qui rassemble

T'es le Picasso d'mon âme
Tu es l'artiste qui me blâme

Tu nous lies ou tu nous brises
Dans ma vie, t'en es la c'rise.

Pour toi

J'ai sillonné pour toi

Les routes de campagne provençale.

J'ai franchi pour nous

Le lac Atitlan à la vue géniale.

Je t'ai envisagée

Parmi les fleurs de la vallée Nubra.

J'ai supporté dans la soif

L'immense désert du Sahara.

J'ai gravi dans la douleur

Le fameux mont de l'Himalaya.

Je poursuis ma quête

Parcourant la Terre jusqu'à Nouméa.

Révélation

Si l'amour avait une couleur

Elle serait le rouge.

Si le rouge était un sentiment

Il serait l'attirance.

Si l'attirance était distinguée

Elle serait le charme.

Si le charme avait une forme

Elle serait la femme.

Si la femme était une fleur

Elle serait la rose.

Si cette rose avait un nom

Elle s'appellerait Nayla.

Coup de cœur

Le moment est comme figé

Mes yeux sur toi, précipités

J'en oublierai mon passé

À cet instant fusionné

Le seul écho retentissant

Résonne ce cœur s'emballant

Cœur serré, c'est inquiétant !

Est-ce toi l'élue émergeant ?

Est-ce un mirage ?

En amorçage ?

Ou un voyage ?

Qu'importe l'orage !

Je n'quitterai pas mon nuage !

Ne te retourne pas

Qui est cette jolie rose ?

La belle fleur que je n'ose

Aux défenses épineuses

Aborder aux heures creuses

Telle la princesse charmante

Aux pétales qui te hantent

Contempler sans s'approcher

S'rappeler sans s'attacher

À la démarche gracieuse

La silhouette harmonieuse

Aux allures de vertueuse

À la classe minutieuse

Au regard attrayant

Et au charme effarant

Elle est d'une peau berceuse

D'une voix mélodieuse

D'un sourire expressif

À l'amour exclusif

Un œil de trop jeté

Et ton cœur finit scellé.

Exceptionnelle

Que tu es belle avec tes perles
Cheveux camel qui s'emmêlent.

Sous la grêle, comme la veille
Tartine au miel, comme l'abeille.

Regard au ciel, tu m'émerveilles
T'es restée celle, qui m'est rebelle.

T'es sensuelle, dans ma prunelle
Avant l'cercueil, fini querelles.

De mon sommeil, tu me réveilles
T'es mon soleil, mon arc-en-ciel.

Sans pareil, t'es démentielle
T'es plurielle, or d'étincelles.

Tu éteins celles qui t'ensorcellent
Tu en sors celles, d'originelle.

T'es le modèle, des demoiselles
Trop d'émoi d'zèle, tu es formelle.

Tu es ma douce, pomme cannelle
À petit feu, je canne pour elle.

Insaisissable, ma p'tite femelle
Admirable comme l'hirondelle.

J'ai rendez-vous, j'suis frais pour Belle
Elle s'approche, je deviens frêle.

Chaque instant, temps additionnel
Remémorant un jadis cruel.

Je l'ai trouvée au bout du tunnel
Et aujourd'hui, je tuerais pour elle.

Haut du Népal, sensationnel
Cent fois, je t'offrirai mon panel.

D'amour, de foi, je remonte en selle
Je prie celui qui tire ficelle.

Qu'il cède de toi une parcelle
Une complicité éternelle.

Les sentiments que ton cœur scelle
Derrière tes yeux, l'âme révèle.

Ouvre ta porte, la vie recèle
De joie, je crois, continuelle.

Je t'ai cherchée, creusé à la pelle
T'es seule, répondant à l'appel.

C'est certain, tu n'as pas de jumelle
Je suis là, c'n'est pas accidentel !

T'es réelle, non superficielle

C'est officiel, j'en ai qu'pour celle.

Sans tutoriel, qui me rappelle

Qu'elle est mortelle, Gabrielle.

Elle

Comme un oiseau sans ailes
Je ne peux me passer d'elle

Passionné, tout te rappelle
Démesuré, t'es trop belle

À ta vue, je suis troublé
Le contour devient flouté

Je m'imagine t'enlacer
De mon amour acharné

Te couvrir de passion
De tendresse et d'affection

T'offrir c'qu'il y a de meilleur
L'existence vidée de terreur

Divine compagnie de foi

Écrite pour toi et pour moi

Voilà notre bonheur peuplé

Apaisé, je suis à tes côtés.

Rupture

De l'échelle de ma vie, malgré
La force de mon poignet

Une vie à deux, abandonné
Tu as dégringolé

Brisant l'pacte de sincérité
T'as choisi d'la lâcher

T'échappant dans l'obscurité
Un débris, tu as volé

Un morceau marbré du palais
Que je t'avais édifié.

Laisse-moi

Cesse de me torturer
Par la douleur de ta présence.

Tu m'as volé tellement d'instants
De ma jeune existence.

J'ai besoin de distance pour retrouver
Le goût de vivre.

Une éternité écoulée
Sans savoir que j'étais ivre.

À tes côtés, j'étais comme prisonnier
De mon plein gré.

J'avais beau te servir de complaisance
Pour te combler.

C'n'est pas faute de t'avoir donné

C'que j'avais de meilleur.

T'as préféré le repousser

Tourner ton regard ailleurs.

Guidé

De ma vie heureuse
Tu t'es éloignée, m'laissant isolé,

Au beau milieu de l'océan
Entre mer et ciel le néant,

Ne sachant plus où me diriger
Ni vers qui me tourner,

Cherchant refuge auprès des pieux
J'ai cru secours, auprès des cieux.

La rencontre

Dans la constante alternance des jours et des nuits,

Je lis ton Nom.

Au lever du soleil et au chant des oiseaux,

Je lis ton Nom.

Sur les nids de nuages, sur l'étendue des mers,

Je lis ton Nom.

Du haut des montagnes, au milieu du désert,

Je lis ton Nom.

Dans la graine germée, dans la vie accordée,

Je lis ton Nom.

Dans la force invisible, quand les étoiles brillent,

Je lis ton Nom.

Dans l'ordre établi, dans le cycle de la vie,

Je lis ton Nom.

Sur les traces de nos ancêtres,

Dans l'histoire des prophètes,

Je lis ton Nom.

Sur les phénomènes spatiaux,

Dans la maîtrise des eaux,

Je lis ton Nom.

Sur la création magique, sur la beauté idyllique,

Je lis ton Nom.

Sur la formation du monde,

Dans chacune des secondes,

Je lis ton Nom.

Je suis venu au monde pour te découvrir

Puis te conquérir.

Puisses-tu considérer en moi,

Le Nom que je t'ai gravé.

Dieu

MOTIVATION

Le contact est contagieux

choisis l'énergie dont tu as besoin pour avancer.

Souverain

Le jour de notre naissance
De parenté d'obligeance

Envahis d'émotions
Animés d'ambitions

Lancer le compte à rebours
D'une vie traquant son cours

Enfants, de parents mouvants
La vie, la mort, sûrement

Attire la vie qu'tu veux
Repousse celle que tu peux

Écrase tous tes regrets
Ne perds pas ton temps à quai

Du monde plein de surprises

Ne reste pas sous emprise

Dressons frivoles écrans

Laissons jaillir nos talents

Perçois un monde miroir

Second chargé de pouvoir

Chemin d'une vie de choix

Destin d'une vie de Roi

Ennemi juré

Radier fabulations
Changer nos prévisions

Cesser de faire le beau
Reprendre seul son flambeau

Sois qui tu veux devenir
Tu n'sais c'qui est à venir

Le temps est ton ennemi
Le combat de chaque vie

Oublie l'a priori
Du monde circonscrit

Soutiens tout c'que tu crois
Augmente en toi la foi

Nul ne subsistera

Ne restera que toi

Ta honte et tes regrets

Il n'y a rien de plus vrai

Arrête d'être têtu

Comme toi, on en a vu

Fini en petits morceaux

Dormant dans le caniveau

Écoute, il a vécu

Misère a survécu

Voilà l'avertisseur

Du ferme exécuteur

Une minute, un instant

Une vie sortie du temps

Ce temps alloué, primé

Aux hommes avantagés

Prophète

Papillonner, se détacher
Totalement déconnecté

Savourer doux silence
En toute indifférence

Filtrer son atmosphère
Laissant paquets d'affaires

Rompre tous ses canaux
Éloigné de ces sots

Accepter tous ses maux
Évoquer le Très-haut

Admirer l'horizon
Rappeler la raison

Inspirer des leaders
Nos modèles précurseurs

Suis les pas des pionniers
Deviens-en l'héritier

Rayon de vie

Depuis ma tendre enfance
Mon petit cœur balance

Faut-il dev'nir quelqu'un ?
Ou vivre pour chacun ?

Me vient enfin l'envie
Dès lors mon cœur revit

La lueur n'est plus loin
Je peux ouvrir les poings

Respirer, relâcher
Mes obscures pensées

Courir le temps perdu
N'est plus chose révolue

Cette heure est mon présent

J'en savoure chaque instant

J'accepte peines et joies

Elles font partie de moi

Monde moderne

Quelle époque !
Les gens se toisent et se dérobent
Quand se dire bonjour est devenu trop lourd.

Pour tant connecté, sans avoir à se dédier
Précieuse attention, en tiers cession.

Un futur vendu, où robots prendraient l'dessus
L'imaginaire, remplaçant les mammifères.

Un monde de peur, dont l'homme
Est l'inventeur.
L'héritier de la Terre, en quête de lumière.

Cette vie est nôtre
N'attendons pas l'accord des autres.

Dis stop

À ce partisan,

T'entraînant dans les mauvaises ambiances.

À ce parent,

Vivant à travers toi, toutes ses envies.

À ce confident,

Laminant secrètement ta confiance.

À ce travail fatigant,

Rongeant toute ta fantaisie.

À cet amant,

Ne donnant aucune valeur à ta présence.

À ce différend,

Déchirant ta relation finie.

J'arrête

Je n'veux plus courir,
Derrière cette passion qui me nuit,
Ce lien qui fuit.

Je n'veux plus courir,
Derrière la croyance trompeuse,
Cette idée périlleuse.

Je n'veux plus courir,
Derrière l'approbation des gens,
Les likes débitants.

Je n'veux plus courir,
Derrière ce masque social,
Cette influence bancale.

Je n'veux plus courir,
Derrière l'ambition dupliquée,
Une vie regrettée.

J'arrête

Je n'veux plus courir,
Derrière la délivrance d'un autre,
Le bonheur des vôtres.

Je n'veux plus courir,
Derrière la débouchée perdue,
Ce qui ne reviendra plus.

Je n'veux plus courir,
Derrière ce moi enfant,
Ce passé chancelant.

Je n'veux plus courir,
Derrière ce destin amenant,
Mon triomphe éclatant.

J'aurais aimé

J'aurais aimé être conseillé,

Généreusement accompagné.

Peut-être l'ai-je été, sans pouvoir le reconnaître.

Trop de moments gâchés,

À se leurrer, se chercher.

Par manque de repères,

De modèles, désorientés.

Que dans la vie, tout n'est pas blanc ou noir.

Savoir que l'on peut être deux,

À avoir raison ou tort.

J'aurais aimé voir la vie

Dans toute sa splendeur.

Une vie en couleur, de nuances

Et de divergences.

Que le monde dépasse les murs de son quartier.

Qu'il existe des langues, des cultures

Des paysages incroyables.

Que ma pensée ne peut contenir

La grandeur du monde.

Ni la richesse des terres

Ni la profondeur des mers.

J'aurais aimé qu'on me dise que la vie est dure.

Que personne ne plaira à tout le monde,

Et c'est ainsi.

Comprendre que viendra un jour
Où le bien sera raillé.

Que le bonheur est réel
Et n'appartient pas qu'aux autres.

L'histoire n'est pas facile,
Mais elle t'enseigne énormément.

Qu'une vie de valeurs vaut bien plus
Qu'une vie de paraître.

Que si on ne te donne pas ton dû,
C'est à toi de le réclamer.

J'aurais aimé échanger
Avec mon « moi » d'avant,

Le convaincre qu'il est une personne à part,
Un gamin spécial.

Lui expliquer qu'il est peut-être différent,
Mais bien à sa place.

Lui dire :
« Écris ta vie, vis tes rêves et n'aie pas honte
D'être toi ! »

De prendre son temps,
De savourer chaque instant.

Que la vie est courte,
Bien que le temps paraisse long.

Qu'après la difficulté,
Viendra une merveilleuse félicitée.

Que de la joie t'attend,
Bien plus que t'en espères !

J'aurais aimé comprendre
Que l'échec est une force.

Que le revers est, sans aucun doute
La clé de notre réussite.

Que rien n'est perdu, tout s'apprend
Pour celui qui le veut.

Une montagne à grimper,
Une épreuve à surmonter,

Un défi à relever,
Un chemin à découvrir puis à tracer.

Le courage,
À la portée de celui qui se bat pour lui-même.

J'aurais aimé que tu me voies aujourd'hui,

Plein de justesse.

Dans la peau de l'adulte épanoui,

Indépendant.

Remplis de sagesse, de confiance,

De convictions,

D'ouverture d'esprit, de gratitude, de sérénité,

D'acceptation, de tolérance,

De quêtes spirituelles,

Impliqué, décidé,

Réalisant tous tes rêves refoulés.

J'aurais tellement aimé être là pour toi,

Mon « moi » enfant.

Guerrier de la lumière

Souviens-toi transition

D'un jeune déboussolé
D'une vision masquée

Ressens la sensation

D'une intensité ancrée
D'une énergie décuplée

L'armure de pulsion

D'une volonté tranchée
D'un guerrier réalisé

À la belle étoile

Mon cœur loge cette éponge
Que la nuit souvent, les songes

Malgré fatigue, le plonge
Le ronge, chaque mensonge

Désenchaîné de mon corps
Je navigue loin du port

Je reconnais mes vils torts
Ceux que je laissais pour morts

Bercé au rythme du sillage
Je laisse noyer ces pages

Libéré l'esprit de cage
Croisière d'apprentissage

Enveloppé dans ma toile

J'ai rendez-vous aux étoiles

Destin écrit pile-poil

Je jure de mettre les voiles

LA VOIE LACTÉE

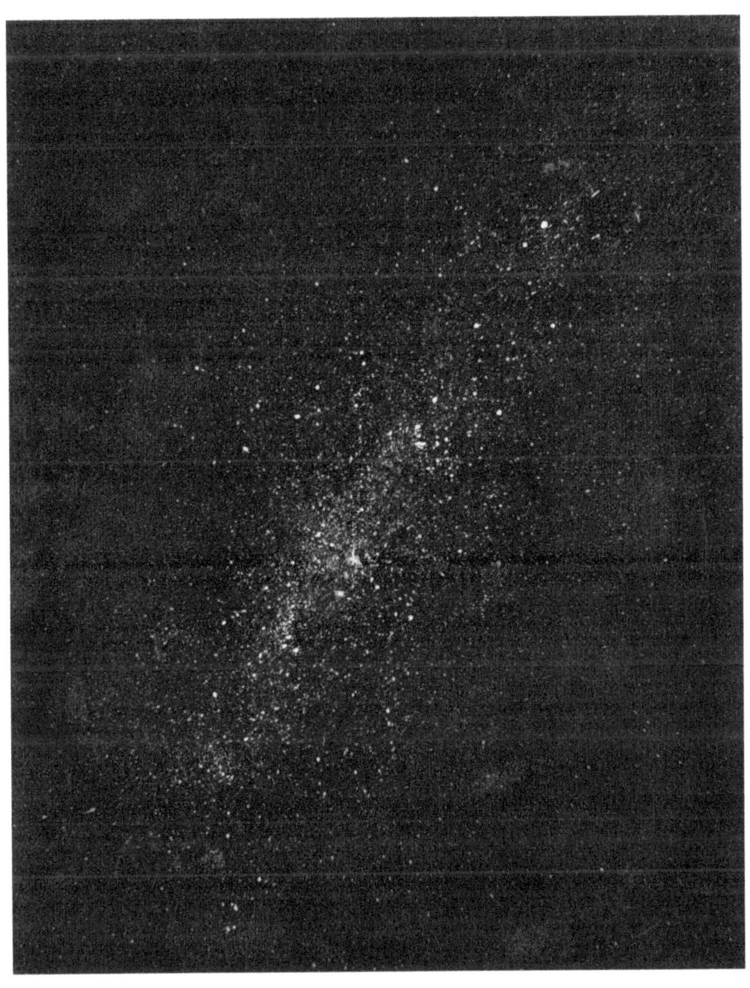

Soulaym Mouhamad

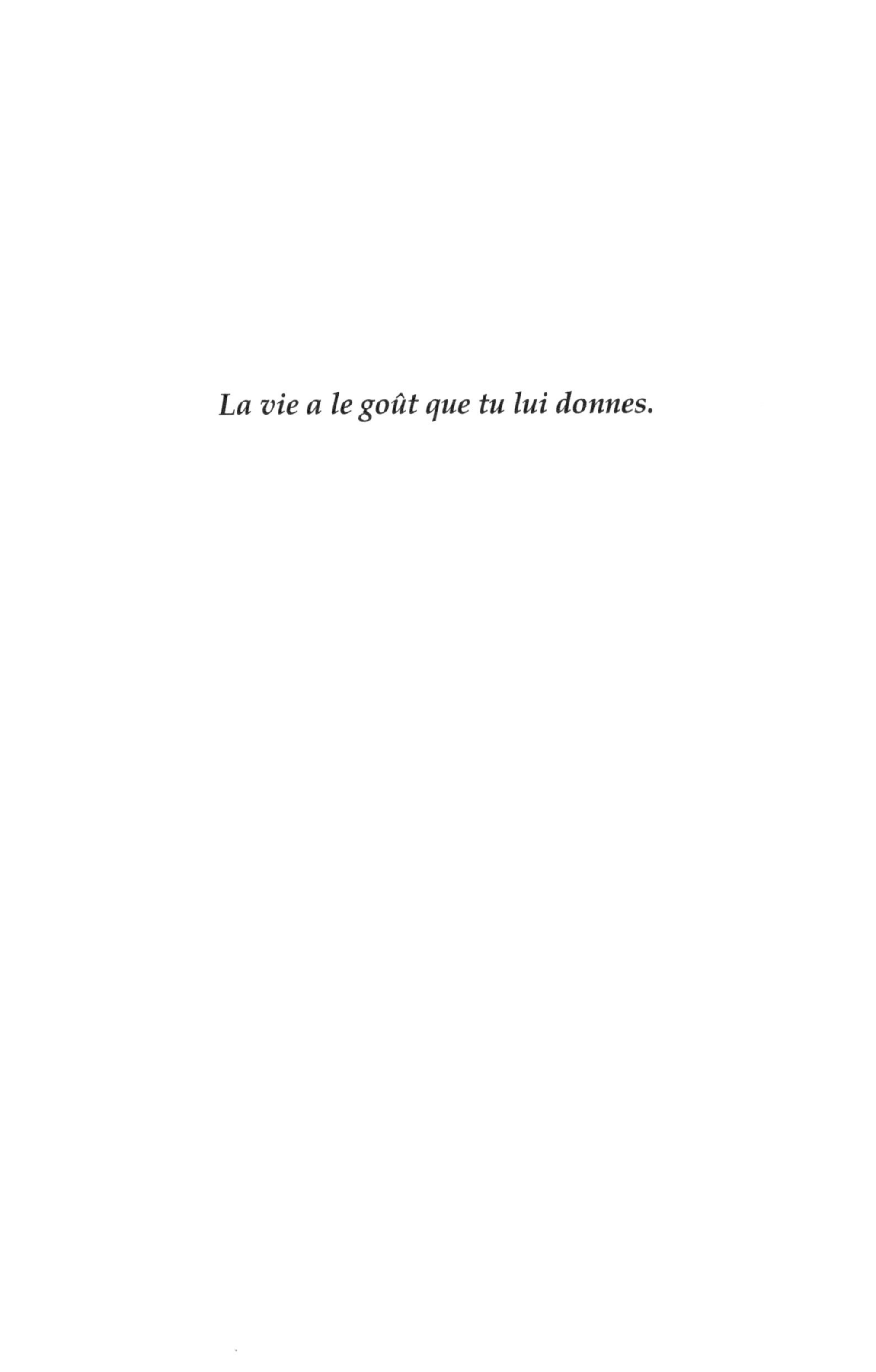

La vie a le goût que tu lui donnes.

Conseils rimés

S'écouter

Vivre et s'accepter

Se pardonner et s'encourager

Apprendre des échecs pour progresser

S'observer et se questionner

Forces et faiblesses, appréciées

Capacités discernées

Manques relevés

Objectifs fixés

Grâce remerciée

Continuer de rêver

S'aimer

VOYAGES

« Il y a des voyages qui se font avec un seul bagage,

le cœur. »

Audrey Hepburn

Beauté de France

Reflet colossal, au paysage de carte postale

Convoitise initiale, au lac d'Annecy musical

Le bassin monumental

Creusé face au phénoménal

Dunes paranormales, gravies à la force mentale

Cassis flirtant le mistral

Pour prendre un bol d'air provençal

Des randonnées principales

Aux calanques magistrales

Sublime couleur vitale, d'une paix fondamentale

Chaussée primordiale

Aux gorges du Verdon spéciales.

Solo

L'eau à perte de vue
J'aperçois l'étendue

Humide et salée, j'ai
Envie de m'y baigner

Secousse remue roches
Au bord, je m'y accroche

Destin, je prends le bain
Surpris, j'suis incertain

Petit homme si fragile
Autre vague, je rempile

Un monde bien trop grand
Pour en être l'artisan.

Dans mon jardin secret

Venues des Canaries,

J'y planterai de grands palmiers

Entourés de rosiers parfumés, aux extrémités.

Encerclant un lac lumineux, les fleurs de cerisier

Face à la douce cascade,

Fleurs de lotus, Flottées.

L'allée de droite,

Parsemée de nards de l'Himalaya.

L'allée de gauche,

Accompagnée de l'iris germanica.

Depuis l'escalier, menant à une sublime verdure

Flamboyant du Brésil, trônant au centre,

Telle une sculpture.

Virtuose

Passagers installés, attachez vos ceintures
L'équipage vous reçoit, au départ azur.

Plein les gaz, le grand frisson en prévision
Étonnante puissance d'infiltration.

Plus bas se déroule un spectacle grandiose
Assis en haut des cieux, j'admire cette osmose.

Spectateur passif, de la terre hyperactive
Réflexion de grandeur, de pensées massives.

Sans frontières

Mené d'une vive énergie,

J'rêve de combler mes envies.

Les idées saturent ma tête,

Faire le tour de la planète.

La voie lactée d'Océanie,

Les bleues marées de Tasmanie.

Saine, nature préservée,

L'île, continent étoilé.

Voguer sur un catamaran,

Scruter le fond des océans.

Arpenter belle Malaisie,

Perhentian à Langkawi.

De romances et de couleurs,

Où l'honneur prime le bonheur.

Palais, saveurs et bijoux,

L'Inde nous accueille avec goût.

Il y a tant à découvrir,

De frontières à franchir.

Pour s'ouvrir et se retrouver,

À vos pensées, abandonnés.

Saveur fruitée

Choyé depuis l'Égypte, plaisir du melon
Envoûtement du Brésil, fruit de la passion

Désir des Indes, la mangue à sensation
Du flanc himalayen, dynamique citron

Ce goût exquis, nommé nana en Amérique
Millénaire origine, juteuse pastèque

Au fruit trop méconnu du jacquier dégusté
Cultivé en Chine, le litchi délecté.

Réunion

J'suis allongé

Ferme les yeux

Clichés rêvés

Messages pieux

Je monte à bord

La vue sublime

Prends à tribord

Fixer séisme

Le vieux piton

Les animaux

L'île Bourbon

Passé colo

C'est symbolique

L'ascension

C'est volcanique

Douce nation

Cosmopolite

Pays magique

Hétéroclite

C'est fantastique

Terre inconnue

Mais quel est donc ce royaume souterrain ?

Où l'on retrouve, marque des anciens

D'étonnantes églises, creusées en terre

Copieuses pyramides, vues au désert

Femme de Salomon, Reine de Saba

Depuis Nubi jusqu'à Addis-Abeba ?

Une terre mystère qui nous imprègne

Tu es Noire et Belle, mais quel est ton Règne ?

Royaume de Koush

Des monuments symboliques
De construction mythique

Découverte d'la physique
Aux récits pharaoniques

Théories mathématiques
Au savoir astrologique

Racines scientifiques
Initiant Grèce antique

Explication biblique
À ce peuple dogmatique

Témoignages génétiques
De l'histoire véridique

Découverte

Regard au globe prêté
Près d'faire mes adieux

Rencontrer l'monde entier
Échanger temps heureux

Repas faits sur mesure
Sucré, salé, piquant

Parler de nos cultures
M'ouvrir en voyageant

Apprendre la tolérance
Tous fait de chair et d'os

Vissés aux vaines croyances
Espérant vie d'carrosse

LA SAVANE AFRICAINE

Assia Bouhali

Uhuru

Départ de Paris
Aéroport de Roissy

Me voilà parti
Embarquement retenti

Soleil et plaisir
Direction Tanzanie

Parler swahili
En mangeant des mishkakis

Parc Serengeti
À moto, le safari

Kilimandjaro
À grimper comme Apollo

Flâner lentement

À Zanzibar posément

Dégustant

Des samoussas croustillants

L'apanage

D'inscrire nouvelle page

Immuable

De souvenirs incroyables

Trip

Voyager seul instruit,
Nouvel environnement à défier.

Éduquer l'âme à la solitude,
S'observer, se décoder.

Se réconcilier avec son corps
Et ses sens dissipés.

Cesser toute activité, faire taire
Le monde extérieur.

Prendre le temps d'écouter
Cette voix trop souvent chahutée.

Se focaliser sur son chemin
Et son destin si occulté.

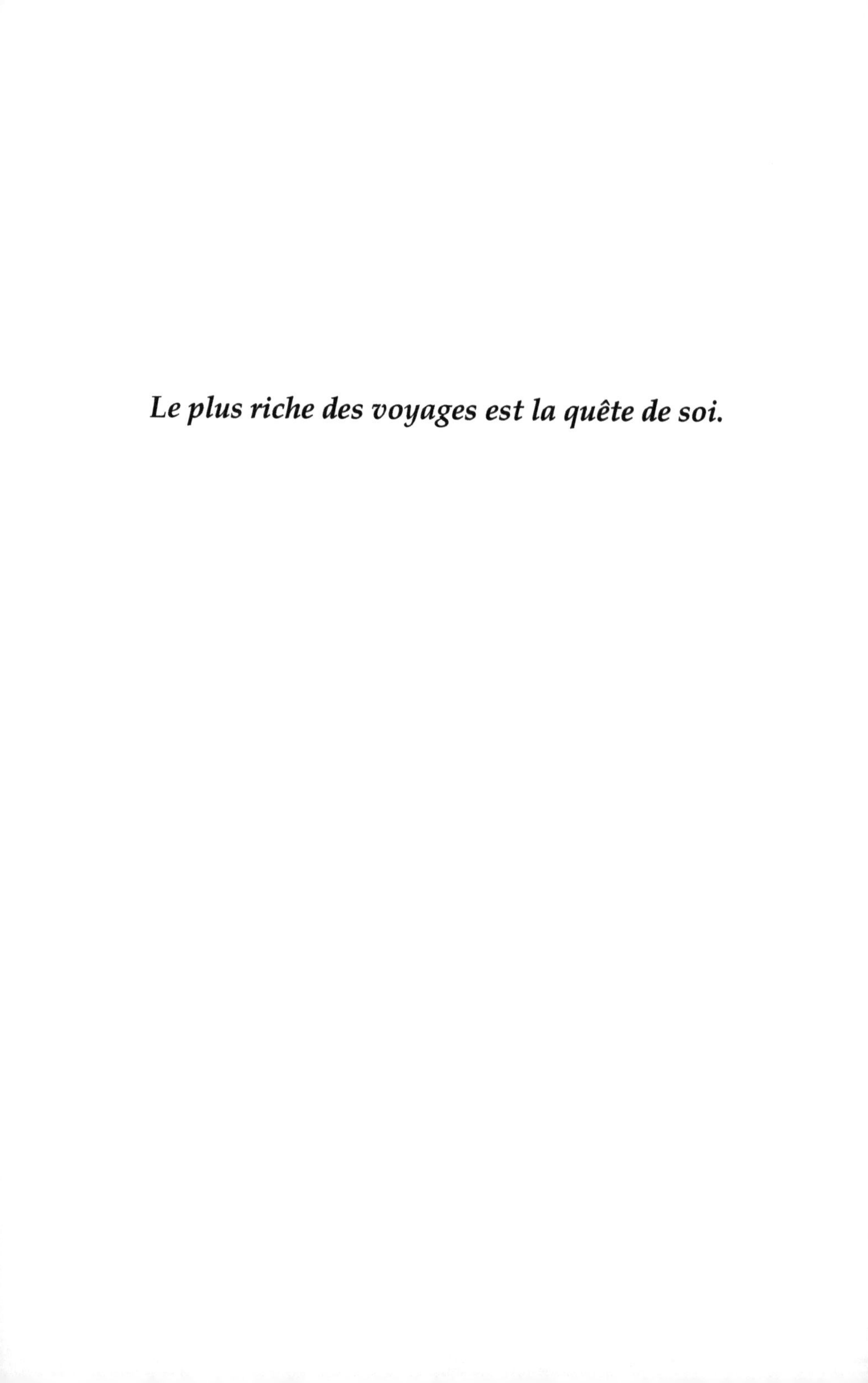

Le plus riche des voyages est la quête de soi.

IDENTITÉS

« *Soyez vous-même, tous les autres sont déjà pris.* »

Oscar Wilde

Souvent, j'ai le sentiment de ne pas savoir comment me positionner face aux autres.

Dois-je être plus comme ci ou plus comme ça ?

Parler davantage ou moins, baisser la garde ou rester vigilant.

Nous disposons tous de vibrations différentes et singulières. Et nous sommes instinctivement ou naturellement attirés par les personnes qui ont les mêmes, celles qui nous sont familières.

On l'appelle communément le feeling.

On éprouve une aisance particulière avec ces individus, on perçoit un respect de son environnement et c'est alors que l'on peut se laisser aller.

Vivre l'instant présent

Ondes

Enveloppé d'une aura
Distinguée par ses éclats

En ressort une fréquence
Personnelle, d'impédance

Définie et camouflée
Perceptible, mais brouillée

Elle peut être accessible
Ou encore imperméable

À nous d'être amical
Choisissant le bon canal

Qui suis-je ?

Suis-je de mots ou d'actions ?

Suis-je fait d'honneur ou de honte ?

Suis-je un malheur ou un bonheur ?

Suis-je de plaintes ou promesses ?

Suis-je un poids ou soulagement ?

Suis-je gain ou perte de temps ?

Suis-je une bonne ou mauvaise âme ?

Suis-je vraiment moi ou un autre ?

Mûr(e)

Être un homme ou une femme ?

Est-ce l'âge ou une image ?

Est-ce un état ou alors le résultat ?

C'est savoir qui l'on est et se sentir prêt.

À faire des choix, en supportant le poids.

Affronter ses peurs, au-delà des douleurs.

Encaisser l'échec, boire la vie, cul sec.

Prendre du recul, quand les idées pullulent.

Peiné face aux sots, foncer sans dire un mot.

Une force maîtrisée et appliquée pour avancer.

Continuer de cheminer, dans le sentier aspiré.

J'ai peur

J'ai peur de vivre,

Cette aventure euphorique si loin de toi,

Revêtu de courage à les laisser sans voix.

J'ai peur de perdre,

Une bonne santé, à la dépendance totale,

La vie poignante, de la prison du mental.

J'ai peur de vivre,

Prêtant attention aux aléas d'la vie,

Perdant le contrôle sur mon état d'esprit.

J'ai peur de perdre,

De trop penser, à en ruiner la raison,

Et qu'ensuite mes pensées ne tournent plus rond.

J'ai peur de vivre,

Passant à côté de la vie toujours voulue,

Témoin de tout ce temps passé, inaperçu.

J'ai peur de perdre,

Les étoiles filantes de mes yeux d'enfant,

Et leur attribuer un modèle vacant.

J'ai peur de vivre,

Comme si l'soleil ne s'lèverait plus demain,

Comme si le temps s'échappait entre mes mains.

J'ai peur de perdre,

Ce que Dieu m'a déjà donné, sans le savoir,

D'avancer dans la vie comme dans un trou noir.

Modèle animal

Le lion, leader charismatique

Le tigre, imprévisible et courageux

Le singe, malin et intelligent

Le panda, drôle et maladroit

L'aigle, confiant et déterminé

L'éléphant, curieux et affectueux

Le cheval, puissant au cœur tendre

Le ratel, redoutable et intrépide

Le chien, fidèle et discipliné

La fourmi, serviable et laborieuse

Le loup, protecteur et altruiste

La souris, débrouillarde et sociable

Le caméléon, expressif et adaptatif

« J'ai vécu avec plusieurs maîtres zen, c'était tous des chats »

Eckhart Tolle

Free bird

(Oiseau libre)

Tu provoques chez moi un florilège d'émotions.

Je couche ces mots pour te dépeindre.

À ton image, ils sont libres, désordonnés, spontanés et
informels.

Je t'admire, mais je ne te comprends pas !

Et qui pourrait te comprendre ?

Si tu n'y arrives pas toi-même !

Ta vie est une partie de jeu, un jeu d'aventure sans fin.

Un jeu dont toi seul connais les règles, auquel seule la mort
peut sans doute mettre fin.

Une vie d'amusement, d'opportunités, de légèretés,
d'enthousiasme et d'ensoleillement.

D'idées aussi farfelues qu'ingénieuses.

De désordres et de voyages, de renouvellement permanent

et de désinvolture.

Ta philosophie pourrait être :

« Qui m'aime me suive, car j'avance ! »

Avec ou sans toi, j'irai où ma boussole intérieure me

mènera. Là où personne ne m'attendra.

Je progresse, mais où ?

Je l'ignore, et qu'importe !

Je trace ma voie et je découvrirai mon chemin.

Comment ? Je l'ignore, mais j'avance.

Après tout, ne dit-on pas que tous les chemins mènent à

Rome ?

Pour moi, progresser signifie se réinventer.

Tel le serpent, j'avance en muant.

Je fais « peau neuve ».

Je ne suis pas influencé par les autres, je ne suis pas limité par des conventions ou des règles établies.

Je trace mon propre chemin, guidé par mes propres principes.

Je pilote ma vie à ma manière, l'essentiel pour moi, c'est d'arriver à bon port.

Je ne m'embarrasse pas à trop de réflexions, parfois en prenant des risques impulsifs.

Mais j'ai ce sens aigu de l'aventure optimiste, qui me réussit plutôt bien.

Je suis en constante interaction, je partage et je peux parler pendant des heures, entouré des personnes les plus charmantes, sans pour autant m'attacher à aucune d'entre elles.

Je suis un électron libre, tel un jeune étalon sauvage, presque impossible à apprivoiser.

Je laisse libre cours à mes idées, mes envies.

Je déteste suivre une routine, un schéma établi, alors ne me demande pas d'être un autre, car je ne sais pas faire.

Tu es une effrayante source d'inspiration, de lâcher-prise et de gaieté.

Un caméléon qui s'adapte pour tirer profit du meilleur de chaque situation.

Ni mes mots, ni ce livre ne pourraient capturer la multitude de facettes qui te caractérisent.

Tu incarnes le modèle de progression et de dépassement de soi, une inspiration à étudier, méditer et intégrer dans sa vie.

Introverti(e)

Une nature reposante

Un ciel revigorant

Une mer rafraîchissante

Un désert stupéfiant

Une foule affaiblissante

Un endroit étouffant

Une solitude apaisante

Un espace rassurant

Une ambiance épuisante

Un personnage gênant

Une lumière éblouissante

Un détachement intrigant

Une écoute importante
Un silence bavardant

Une qualité touchante
Un respect épatant

Une lecture hilarante
Un sentiment marquant

Une réflexion violente
Un voyage exubérant

Une relation débordante
Un animal éloquent

Une amitié attachante
Un amour électrisant

Promenade

Au coucher du soleil

Ali Bouhali

Extraverti(e) ou introverti(e) ?

Tu as un mécanisme différent,
Et je ne suis pas arrogant.

Je me régénère dans le silence,
Et toi, dans l'effervescence.

Tu cherches la fête pour exulter,
Moi, la nature pour m'évader.

Je suis calme et mesuré,
Tu prends goût à exagérer.

Tu te mêles à la foule,
Solitaire, moi, je roule.

J'avance à tâtons,
Et toi, d'interaction.

T'aimes attirer l'attention,

Je suis plus dans la discrétion.

Je suis accueilli en Mauritanie,

Et toi, intégré en Italie.

Tu es entouré de compagnie,

Tandis que j'estime les relations garnies.

Je privilégie l'écriture,

Et toi, dialoguer sans structure.

Tu te nourris de stimulation,

Moi, je cultive l'introspection.

Je schématise distinctement,

Et tu possèdes ton cheminement.

La lumière

De questions sans réponses

D'amertume permanente

De l'entrave de croyance

De pensées envahissantes

Captif du corps avili

De ma cellule mouvante

J'aimerai trouver sortie

La clé que chaque jour hante.

Hypersensible

Encerclé, je me sens tiraillé
Comme un pilote sans sa boussole

Du corps frigide, j'perds le contrôle
La mire au loin, s'est dérobée

Les modiques détails font surface
Les sons saturent l'attention

Lumière éblouit progression
S'emparant des marques à ma place

D'ma présence éparpillée, j'avance
Accompagné d'mes sens torpillés

Frissons, sensations décuplées
Sans maîtrise, j'suis sur mon essence

Le regard recherche avec prudence

L'issue de secours pour m'abriter

J'veux claquer des doigts et m'éclipser

Soustrait de l'amas d'insouciance

Absent

De notes enivrantes
Se laisser emmener

Légèreté plumée
Secrète et relaxante

De sonorités lentes
Écoutées, entourées

Se sentir évadé
La retraite insolente

Incompris

Parfois, envie de m'exprimer
Les mots restent emprisonnés
Inhibé par l'émotion
J'donne l'excès d'affection

Est-ce l'émotion refoulée
Ou ma nature inadaptée ?
Enclencher la réflexion
Dis au r'voir à l'attention

Devrais-je dire la vérité ?
Êtes-vous prêt à l'accepter ?
Encerclé par la passion
J'ai besoin d'exfiltration

Je sens l'pouvoir de ravager
Votre ambiance si cultivée

Indifférent

Notifié, appelé,

Recherché, interpellé,

Ma ligne reste occupée.

Renonce donc à me traquer

Le filet que t'as jeté

Ne saurait me capturer.

Distance sociale

Chacun dispose d'un espace intime
Qui l'accompagne.

Limite établie à ceux-là
Disparue aux sans vergogne.

Ne sachant pas s'limiter
J'en sentirai leur déjeuner.

Violent ma sphère privée
D'excès de proximité.

Zone énigmatique pour certains
Et pour d'autres, vitale.

Frontière censée marquer
Les convenances cordiales.

Ombre et lumière

Toujours dans cette variance,
L'humaine et brute, ambivalence.

Si tu recherches la lumière,
Tu'n verras aucune barrière.

De la courtoisie et d'l'amour,
Partager, sans aucun détour.

Cherchant de l'animosité,
T'affronteras l'obscurité.

L'impatience et fermeté,
Juste prêt à capituler.

Pile ou face, à toi de choisir,
Fraternité ou plutôt fuir.

BIEN-ÊTRE

Le bien-être,

c'est de comprendre ses besoins et d'y répondre.

Pour vivre en harmonie, chaque être humain, à l'instar des
animaux, a besoin d'équilibrer ses environnements,
intérieurs et extérieurs.

Il doit s'efforcer de vivre en accord avec sa vision
et ses valeurs.

Les animaux se conforment instinctivement alors que l'être
humain, dénaturé, doit apprendre à chasser ses démons
pour trouver le juste milieu dans lequel s'épanouir.

Loin de toutes ses distractions,
du tapage émotionnel et sensoriel dont il est sujet.

La force d'esprit et de caractère l'extirpera des abysses
de cette vie qui n'est pas sienne.

Apprendre à se connaître est le premier pas à la rencontre
de cette harmonie.

L'harmonie

Avoir nouveau contrôle
Sur mon temps qui s'envole

Ressentir ma présence
Jolie correspondance

Observer beau spectacle
Gêné d'aucun obstacle

Oiseaux percer les cieux
Bonheur si gracieux

Sonder trace des sages
Beaux reflets de nuages

Chef-d'œuvre orne ma vue
Délice, cœur pourvu

Silence

J'aime t'écouter

Quand t'es rejeté

Tu te proposes

On s'y oppose

On te repousse

Tu tends la frousse

Du premier jour

Au dernier sourd

Tu es présent

Je suis absent

Dans les déserts

Et sur les mers

Je m'y retrouve
Et je m'y perds

Les yeux fermés
Le corps léger

Fréquence changée
L'âme libérée

C'est l'harmonie
J'ai ressenti

Ici ma place
Rien ne remplace

Je me détache
Me débarrasse

J'ouvre l'esprit
Philosophie

Le monde uni
Le paradis

J'sens ta présence
C'est mon essence

Sache qu'à jamais
Je n'te quitterai

À chaque couleur

L'effet de nos nuances

Le jaune vitalisant
Soleil et vacances

Le bleu rafraîchissant
Harmonie et confiance

Le blanc étincelant
Paix et innocence

Le noir évidemment
Discret et vaillance

Le vert tranquillisant
Calme et silence

Le rose attendrissant
Douceur et romance

L'orange énergisant

Fruité et puissance

Le violet émaillant

Fantaisie et clémence

Le rouge passionnément

Amour et attirance

Les recherches neuroscientifiques nous apprennent que les couleurs auraient des effets sur le cerveau de l'être humain, son humeur et sa personnalité.
À vous de reconnaître celles qui vous font du bien.

Paradigme

L'heure d'se laisser aller
Briser sa pensée noyée

Tous les membres relâchés
Puis lentement inspirer

Expirer atroce idée
Yeux fermés et corps léger

L'endroit chéri, projeté
Ses couleurs imaginées

C'est comme si vous y étiez
Profondément apprécier

Les souvenances défilées
Des paysages ranimés

Sourire aux lèvres procuré
Découle pensée enchantée

Libérés, yeux émerveillés
Schémas construits modifiés.

Stress

Éliminez de cet esprit

Les mauvaises pensées bannies

La seule espèce vivante

Se préparant à la pente

Alors que rien ne la provoque

Elle s'attendra au choc

L'instinct de survie aux avant-postes

Prêt à la riposte

Mettez-vous en scène

Il est enfin temps de vivre sans gêne

Goûtez la prospérité

Cette vie nous est dédiée

Otage de votre corps

De ce mental laissé pour mort

Suggérez donc le meilleur

Il n'y a rien que des humeurs.

Sérotonine

Dans notre comportement, il sert de régulateur.

L'émotion brute cache la secrète valeur.

L'amour et l'amitié abritent l'intense chaleur.

Par le soleil et massages, l'espoir et la douceur.

Par la meilleure des compagnies, le sport et la vigueur.

À chacun son plaisir, du cachottier au grand rêveur.

Alors, choisis comment booster, l'hormone de ton bonheur.

HUMANITÉ

Chaque âme est un diamant, parfois enseveli

Qui ne demande qu'à être poli.

Ornée de vertus

Rayonner au monde pour illuminer

Notre Humanité.

Héritage

Notre caractère est défini par divers facteurs.

Commençant par les pays, leurs histoires
Et leurs traditions.

Puis les religions et la culture déterminent
Les règles de vie morale.

Le caractère est amené par la génétique
Des parents.

Les mœurs, bonnes et mauvaises,
Sont transmises par l'éducation.

L'environnement naturel ou urbain influence
Le tempérament.

Vient s'ajouter notre condition sociale
Et nos expériences de la vie.

Puis enfin, nous voilà…

Le dernier maillon de cette chaîne.

À nous de réaliser de ce tout,

Quelqu'un.

Bienfaisance

Ce n'est pas un besoin ni une envie,
Mais une nature.

Me réforme et me parfait,
De lambda à l'homme mûr.

Animée puis développée,
Elle est venue s'imposer.

Un instant pénétrant,
De toutes parts l'âme viciée.

Comme la tempête de sable
Me porte, me bouleverse.

Pourquoi, je ne peux me passer
D'être, celui qui se déverse ?

Altruiste

Le philanthrope est propice
Consacre temps précieux

Écoute gens malheureux
Conter déchirants caprices

Assistant les opprimés
Ces besogneux privés d'eau

Pour l'hiver, juste un coin chaud
Dans l'logis, gratifié

Qu'ai-je fait pour l'mériter ?
Délaissés, sont dépourvus

Avides de soin, ces exclus
Contribuer pour soulager

Essence

Courage, armure des peurs
Quiétude, lieu de tous cœurs

Clémence, tue la rancœur
Patience, fruit des douleurs

Les tares sont l'appétence
Des âmes en déchéance

Gouvernés par alternance
De sentences de violence

Les vertus sont les parures
De ces cœurs à bonne allure

La beauté de l'armature
De séduisantes créatures

Vie en couleur

Dépourvu de mes deux perles
Je nais dans la pénombre

L'effroi d'une terreur
D'une famille qui s'effondre

D'une vision alourdie
J'ressens différemment

Développant d'étonnantes
Touches ahurissantes

Nébuleuse
Quatrième dimension s'émeut

Des sens que seuls ressentent
Les personnes privées d'yeux

Orphelin

Séjour triste et émouvant

Ressenti au goût amer

De celui qui croît sans mère

Touché, j'suis reconnaissant

Délaissé, dans les décombres

T'as été, dès la naissance

Lien me lie, à ta présence

Un jour, je te ferai de l'ombre

Don du cœur

Voilà le bel écrin

De donner de son sein

À l'inconnu troublé

Espérant respirer

Son temps est suspendu

À l'acte inattendu

Généreux donateur

Au geste salvateur

Couleur de la nation

Rouge de l'attraction

Ruisseler de nos cœurs

À l'affût de son heure

1 Don du sang = 3 vies sauvées

(Rendez-vous sur www.efs.fr)

À bonne mesure

Le plus ardu
Sera de trouver le juste milieu.

Être bienveillant,
Mais sans se faire marcher dessus.

Être généreux,
Sans rendre dépendant l'besogneux.

Sociable,
Sans accepter le verbe retenu.

Refuser d'aider,
Sans pour autant être monstrueux.

Accorder de son temps,
Sans oublier son propre dû.

Attribuer de l'amour,

Sans lui prétendre les cieux.

Donner et se souvenir
Que l'issue est inconnue.

Apprentis

Donner est nature que ce monde a perdu
Définis mesure, des échanges voulus

Vivre son époque, c'est d'abord s'adapter
Apprendre à jauger l'environnement prêté

S'informer d'un élan de curiosité
S'initier sur une pointe d'humilité

Impuissant

J'ai mal,

De voir notre monde, lentement se disperser,

Me retrouver face à ce mur, qu'est l'humanité.

De sentir nos petits frères et sœurs se leurrer,

D'illusions et de rêves, tous aussi tronqués.

J'ai mal,

De suivre une génération, sans références,

La jeunesse manipulée par insouciance.

S'employant à plaire au monde entier, tel des acteurs.

Vivant dans un monde virtuel, de prédateurs.

J'ai mal,

De les noter en proie aux hyènes, aux vautours,

Jetés en pâture, à ces affamés troubadours.

De constater,

L'aveu d'échec de cette ascendance,

Restés préoccupés, prisonniers de leur absence.

Frère en humanité

Poser nouvelle lecture
La belle page, sans mur

Pointer regard au ciel
Depuis, on te surveille

Ciel étoilé par temps
Guide tant d'indigents

Qu'importe ta couleur
Tu ne me fais pas peur

Hérité de parents
Tentant et aspirant

Manger, bouger, dormir
Comment peux-tu le fuir ?

Toujours, est vulnérable

Ce génie remarquable

Tu es mon frère de race

Tête haute, fais-leur face

L-armes

Dévasté, avant je pleurais seul en silence.
Aujourd'hui, on se réveille au bruit d'une rare violence.

Tant d'années passées à crier aux meurtriers,
Quand chacun vivait sa vie sans l'écouter.

J'aimerais bouleverser cette vie de terreur,
Éparpiller dans la galaxie, milliers d'horreurs.

L'homme a perdu le contrôle de l'humanité,
À force d'être borné à vouloir la contrôler.

Sauve le peu de vie que l'on ne t'a volé,
Les charognards sont toujours prêts à te dévorer.

Vivre en marge et devenir complotiste.
Si tu déranges, c'est sûr, ta cause est juste.

Mes larmes ont longtemps tiré l'alarme.

Le calme a laissé place à toutes ces armes.

Armé debout face aux portes de la paix.

Tel est le prix de la folie que l'homme paie.

J'appuie sur le stylo comme toi sur la gâchette.

Tout l'or du monde ne suffirait pas pour que tu m'achètes.

Citoyen du monde

Le Soleil brille sur nous
Lune veille de partout

Ô négligent de tout bord
Regardez donc à bon port

La splendeur nous entoure
Au décor de velours

La nature est si pure
L'homme a fait des ratures

C'est l'heure de s'éveiller
Car elle va témoigner

Un jour, on sera jugé
Et elle va nous manquer

L'homme a détruit sa mère

Oui, il vient de la Terre

Seul, t'a créé d'argile

Pour Lui, c'est si facile

Témoin de cette grandeur

C'est elle qui rend meilleur

Et pourquoi être un humain

Quand chacun tente butin

Ce monde paraît étrange

Ce lieu où le bien dérange

J'aime transcrire en silence

Mes pensées et mes croyances

Justice, paix, bienveillance

Jet de vertu à outrance

Cœur, quiétude, partage

Mes valeurs à l'étalage

Cher citoyen du monde

Retiens ces dernières ondes

Tu as pour toit ce ciel

Ce sol n'est que partiel.

ENVIRONNEMENT

« On ne fera pas un monde différent,

avec des gens indifférents. »

Arundhati Roy

Grâce

La nature nous enseigne, elle nous invite à vivre dans un
environnement propice et idéal à l'épanouissement.

Elle nous indique comment honorer notre essence,
suivre le courant qui nous porte vers ce bien-être, cette paix.

Elle nous communique un art de vivre, en respectant
l'intégrité de chaque élément qui nous compose et nous
entoure.

L'homme a des besoins physiologiques et psychologiques
à nourrir pour atteindre l'équilibre et enfin trouver sa place.

Les fleurs n'émergent que d'une terre fertile.

Pure

L'eau comme cure

La culture comme nourriture

La nature comme fourniture

Les fleurs comme luxure

Le corps comme monture

La Terre comme aventure

Les mers comme couvertures

Le ciel comme toiture

Le Soleil comme parure

La Lune comme armure

L'univers comme structure

Les étoiles comme lecture

L'amour comme soudure

La guerre comme fissure

Le temps comme filature

La mort comme clôture

Engagés

Planète bleu synchro
Remplie aux trois quarts d'eau

La Terre au corps azur
D'une disposition sûre

La vie en est la source
Le ciel nous le débourse

L'écologie heurtée
L'humain s'est endetté

Croyance d'alarmiste
Tel un vieil humaniste

La biosphère affectée
Nous sommes tous concernés

Or bleu

En traversant le temps
Nous garde subsistants

D'un rôle renversant
Tombe, nous préservant

Du premier au dernier
En sommes dépendants

Usé négligemment
L'homme reste indécent

Il reste le bien constant
À l'accès exorbitant

L'écosystème

Voilà la course au pouvoir morbide,
De l'homme à l'aspect cupide.

Auteur d'actions brutales,
Sur conception originale.

Du contrôle de l'existence,
Sur celui de la providence.

Globale destruction,
Suit le fantasme de rédemption.

Bilan désenchanté,
De l'homme ayant échoué par vanité.

Une planète

Une surconsommation maladive,
Aux dommages des richesses.

Un gaspillage consternant,
Au détriment de la pauvreté.

Une surexploitation sordide,
Au mépris des animaux.

Une pollution affolante,
Au dédain du climat.

Une pêche injuste,
Aux souillures des océans.

Une culture étrillée,
Au déni de l'environnement.

Une Terre dévastée, au péril de l'humanité.

T'es rien

L'habitat d'une rue

La rue d'un segment de ville.

La ville, d'une parcelle de région.

La région, d'une division de pays.

Le pays d'une partie du continent.

Le continent, d'une fraction de Pangée.

La Pangée, d'un supercontinent de planète.

La planète, d'une section de la Voie lactée.

La Voie lactée, d'une galaxie de Laniakea.

Laniakea, d'une portion de l'infini.

La Pangée : Supercontinent qui regroupait tous les continents,

il y a des milliers d'années.

Laniakea : Superamas de galaxies dont la Voie lactée fait partie.

RÉFLEXIONS

« La foi et la peur exigent toutes deux

que vous croyiez en quelque chose

que vous ne pouvez pas voir.

Tu choisis. »

Bob Probtor

Et si...

Si la Terre était plate,

Tournerait-elle autour du Soleil ?

Si l'Europe était l'Afrique,

Auraient-ils émigré ?

Si l'école n'existait pas,

Que ferait-on des enfants ?

Si les hommes étaient des femmes,

Aurait-on connu les guerres ?

Si le chien était humain,

Serait-il aussi fidèle ?

Si les animaux parlaient notre langue,

Les aurait-on mangés ?

Si l'humain était d'une même couleur
Aurait-il été raciste ?

Si le téléphone n'existait pas,
Y aurait-il moins de divorces ?

Si l'argent n'existait pas,
Que serait la pauvreté ?

Si les étoiles n'existaient pas,
Que seraient nos rêves ?

Si tout le monde se ressemblait,
Comment pourrait-on se plaire ?

Et si on connaissait notre destin,
Aurait-on souhaité le vivre ?

Boucle d'envie

De l'envie à l'amour
De l'amour à l'ambition

De l'ambition au compromis
Du compromis à la frustration

De la frustration aux querelles
Des querelles au divorce

Du divorce à la tristesse
De la tristesse aux regrets

Des regrets à la solitude
De la solitude au détachement

Du détachement à l'introspection
De l'introspection à la réflexion

De la réflexion à la décision

De la décision à l'engagement

De l'engagement au changement

Du changement aux souhaits

Des souhaits aux rêves

Des rêves à l'envie

Dis-moi tout

Tu m'fais mal,
C'est quoi l'message !?

Matin au soir, tu'me dévisages !
J'm'efforce d'être le plus sage.
J'suis perdu, devant ta rage !

Tu m'fais mal,
C'est quoi l'message !?

L'ordonnance, pour quel dosage ?
Un traitement, jusqu'à quel âge !?
Allongé, j'veux un massage !

Tu m'fais mal,
C'est quoi l'message !?

Exaspéré, douleurs dorsales.

Peine courante, mal carcéral.

J'suis tombé d'mon piédestal.

Tu m'fais mal,

C'est quoi l'message !?

Dis-moi pourquoi tout s'emballe ?

Comment commotion s'étale ?

Dis-moi tout, faut qu'tu déballes !

Tu m'fais mal,

C'est quoi l'message !?

Fem-haine

L'homme a dicté aux premiers pas sur Terre,
Sa domination.

Elle a cédé, dès l'aube de l'humanité,
À ses passions.

L'homme a instrumentalisé l'histoire et récits
À ses penchants.

La femme réclame ici, justice au mépris
De l'homme récent.

Et lui culpabilise face aux laid'œuvres
De ses ancêtres.

Résigné à se justifier, tel un coupable
À comparaître.

L'union sacrée

Je souhaiterais qu'on ne fasse plus qu'un,
De matière et d'âme.

Là où l'on serait accueilli, avec plaisir
Et gammes.

L'énergie diffusée nourrirait notre monde
Et le vôtre.

Je souhaiterais qu'on ne fasse plus qu'un
Ne plus qu'ils se vautrent.

L'espoir d'équité, que la femme reprenne
Aux trompeurs.

La concordance, où personne ne croira
La primeur.

Je souhaiterais qu'on ne fasse plus qu'un,

À la place qu'on voudra.

Dans l'alliance et la tolérance de nos choix

Naîtra.

Sans jugement, une mansuétude

À la faveur de tous.

Vis

Débarqué d'une autre contrée,
Trésor de l'être caché.

Vivre comme l'animal,
Sans se soucier du final.

S'enrichir de chaque instant,
Focalisé sur le présent.

Est-ce le modèle de bien-être
Que l'homme déserte ?

L'homme innové
A-t-il besoin d'une figure arriérée ?

Une seule vie

Est-ce cette vie que je voulais ?

Est-ce le travail auquel j'aspirais ?
Pourquoi à cette place, je vivrais ?

Pourquoi cet homme, je supporterais ?
Pourquoi de cette femme, je m'accommoderais ?

N'ai-je donc pas le choix de vivre ?
Suis-je contraint(e) de le subir ?

À quoi bon vivre pour le pire ?
Seront-ils présents à l'avenir ?

Pourquoi attendre une tragédie pour agir ?

N'avons-nous pas assez de temps
Pour se construire ?

Alors qu'attendons-nous pour aligner nos cibles

Et viser la mire ?

Derniers instants

Cherchant mille fois un but, au destin fuyant
Au primordial me questionnant

Est-ce l'idée de la vie ambitionnée ?
J'louerai, de mon train en marche, sauter

De cette spirale infernale, m'arracher
Sans mettre un pied à l'eau, me projeter

Telle une bouteille à la mer, être jeté
À mes derniers instants, catapulté

Muselés, chacun de mes instincts, défaillants
Lisser mes plans, devenu clairvoyant.

Empreinte

Quelle trace va-t-on garder

De ton sillage fugace ?

Quelques mémoires plaisantes,

D'un passage perspicace ?

Ou bien le grand dam funeste,

De remords que l'on recueille ?

Ta demeure qui te pleure

Et une terre qui t'accueille

Une âme contre une autre,

Que laisseras-tu à ce monde ?

Finalité

Destructrice de plaisirs

D'envies et de désirs

Anéanties passions

Brise projections

Tabler sur le futur

L'assurance la moins sûre

Le retour à la sphère

Par un tunnel éphémère

Le rappel solennel

À la demeure éternelle

Il est temps

L'aurore se lèvera chaque jour qui passera

Et personne ne t'attendra.

Comme les zéphyrs soufflent les cumulus,

Les pluies tombent sur les terres qu'elles fécondent.

À chaque jour sa vérité, nouveau-né, nouveau défunt,

La vie suivra son cours avec ou sans toi à la fin.

Tu n'es qu'un parmi tant d'autres,

Mais ne sois pas là en vain.

Vivant, on t'oublie, trépassé, n'y songe point.

Oui, le temps nous échappe, l'avenir nous surclasse.

Alors, rassemble ton énergie et pense à toi,

À tes choix, à tes vœux et à l'enjeu.

À ce qui t'importe réellement,

À ce que tu considéreras comme un trésor,

Le jour où il n'y aura plus que toi, face à l'ange de la mort.

Quand ni époux ni enfant, ni ami ni argent,

Tu ne percevras dans la lueur de vie qu'il te restera.

Que céderas-tu de toi ?

Auras-tu su profiter des bienfaits que l'on t'envoie ?

Il n'y a point d'âge pour déceler sa place.

Il n'est jamais trop tard pour ériger haut l'étendard.

Laisser couler l'encre, receler du nectar.

Prétextant la thérapie de l'écriture,

Comme approche aux dialogues que l'on se murmure.

Traduisant l'indignation et la frustration,
Germant en nous, à foison.

Leur faire face et consentir à les affronter
Pour mieux se projeter.

Distinguons nos peurs,
En délogeant le vrai ennemi, vivant à l'intérieur.

Rétablissant nos rêves et nos souhaits,
Aux souvenirs d'un passé enterré.
Que le temps écoulé, n'a su que davantage creuser.

Les regrets vernis, du mal-être au déni,
Laissant surgir une vieille ombre aigrie.

Le fantôme derrière lequel on court,
Sans jamais réussir à suivre son discours.

Souviens-toi,

Chaque envie délaissée pour ta mère,

Chaque émotion refoulée pour ton père,

Chaque sacrifice enduré pour ta descendance,

Chaque vocation sabotée par ton insouciance.

Souviens-toi,

Chaque espoir abandonné pour des regards

Chaque rêve brisé suivant les standards

Chaque passion rejetée par honte,

Chaque projet oublié par peur d'en rendre compte.

Arrête-toi un instant, c'est le moment...

De s'efforcer de tout mettre en œuvre

Pour enfin de ta vie, réaliser le chef-d'œuvre.

Déposer sur ta page blanche tes doléances.

C'est peut-être là, la dernière de tes chances...

Il est temps maintenant...

De refermer les yeux sur l'amertume

Contempler l'immensité de l'écume

Laisser émerger sa plume

Et jeter l'ancre aussi loin que son cœur le présume.

Quintessence

À travers ces quelques pages, au revers de mes vers, vous avez pu découvrir mon parcours, faisant sans doute jaillir, des souvenirs sans détour.

Peut-être avez-vous pu consacrer du temps pour vous retrouver, mieux vous cerner.
Pour savoir où l'on va, il faut savoir qui l'on est.

L'être humain est complexe et, pour le saisir, il serait judicieux de prendre le temps de l'écouter, de l'observer, sans le juger.

Cette époque express du "tout, tout de suite" ne nous apprend ni la prudence ni la tolérance.

En matière de consommation, l'homme exige l'excellence.
Quant à la pertinence de sa tempérance, elle est traitée de démence.

Quand ne pas s'afficher virtuellement, conservant tout mystère et charme quotidiennement, est devenu bizarre.

Vivre simplement, profitant des moments ordinaires,
riches de sens, sont devenus ringards.

J'invite la nation à faire machine arrière et à reprendre
position face aux machinations.

Les ordis ont fini par remplacer nos relations physiques,
devenues électroniques, nos ressentis par des émojis,
nos loisirs par l'envie de s'enrichir.

Nos écrits par des séries, nos commentaires
par la surenchère, notre attention par des stimulations...

Détériorant ainsi la santé et l'équilibre de générations
entières comme une maladie héréditaire.

Profitons de nos bienfaits réels, plutôt que superficiels !
Ces cadeaux tant négligés, car méprisés.

La valeur n'est donnée qu'à ce qui est acheté.

C'est pourquoi la conscience et la vue sont mésestimées.

Pour toutes ces raisons, j'envoie un appel spirituel,

pour que l'humanité s'éveille à une conscience collective.

Sur le sens donné à cette vie obsessive, à l'héritage matériel

et intellectuel légué à nos enfants et aux suivants.

C'est l'invocation adressée au ciel et la requête d'un citoyen

aux terriens pour un meilleur avenir commun.

Vivons pour des causes nobles

et mourons avec les plus belles des convictions.

REMERCIEMENTS

Je voudrais graver une pensée toute particulière à ces âmes
qui m'ont guidé, d'un regard attentionné, d'un conseil avisé
ou d'une épaule réconfortante.
Rendant ainsi mes pas plus légers, lors de ce passage
temporel.

Chaque récit est le fruit de notre voyage commun,
une mosaïque de nos expériences partagées
et de nos leçons apprises ensemble.

Ce livre témoigne des richesses,
de la beauté et de la complexité de l'existence.

Enfin, je souhaite exprimer ma gratitude
pour avoir pris le temps de plonger dans ces pages.

Que ce recueil de poèmes soit pour vous un compagnon
fidèle sur le chemin de la réconciliation avec soi-même
et avec les autres.

J'espère que vous y avez trouvé des échos dans votre vie, et peut-être, un peu de réconfort, d'inspiration ou de courage pour poursuivre votre propre chemin.

Puisse-t-il vous suggérer de poser un regard différent sur votre vie et sur le monde, à cultiver l'amour et le respect mutuel, et à œuvrer, à votre échelle, pour un avenir empreint d'humanité.

Merci sincèrement,
d'être une partie intégrante de cette merveilleuse aventure.

Avec toute ma reconnaissance.

Imran

Table des matières

L'amitié

L'amour